Así es mi mundo

LA LUNA, EL SOL, Y LAS ESTRELLAS

por John Lewellen

Traductora: Lada Kratky
Consultante: Orlando Martinez-Miller

*Este libro fue preparado
bajo la dirección de
Illa Podendorf,
antes con la Escuela laboratorio de la
Universidad de Chicago*

CHILDRENS PRESS ™

CHICAGO

FOTOGRAFIAS POR

Candee & Associates—2, 4, 16

James P. Rowan—42 (arriba y abajo)

Reinhard Brucker—24

Art Thoma—34

NASA: National Aeronautics and Space Administration—8, 10, 12, 13, 15, 21, 23, 26, 28, 39 (abajo), 44, Forro

NASA: Jet Propulsion Laboratory—37, 38, 39 (arriba)

Len Meents—7, 18, 19, 32, 35, 36

Texas State Department of Highways and Public Transportation—31

FAA: Federal Aviation Administration, Great Lakes Public Affairs Office—43

United States Naval Observatory—40

Forro-Vista del eclipse solar del Apolo 12

Library of Congress Cataloging in Publication Data

Lewellen, John Bryan, 1910-
  Moon, sun, and stars.

  (A New true book)
  Previously published as: The true book of moon, sun, and stars. 1954.
  SUMMARY: A brief introduction to astronomy, with emphasis on the relationship between the moon, the earth, and the sun.
  1. Astronomy—Juvenile literature. [1. Astron-omy] I. Title.
QB46.L59   1981   523.2   81-7749
ISBN 0-516-31637-0

CONTENIDO

La luna está a unos 149,285 kilómetros de la Tierra.

LA LUNA

Cuando miras la luna de noche, te engaña. La luna parece ser más grande que las estrellas. Pero no lo es.

La luna es mucho más pequeña que las estrellas. Es mucho más pequeña que el sol. Es mucho más pequeña que la Tierra.

La luna está más cerca de
la Tierra que cualquier
estrella. Está más cerca
que el sol. Es por eso que
parece ser tan grande.

Pon una moneda cerca de
tu ojo. Parece grande.

Mira la moneda cuando
está al otro lado del cuarto.
Parece pequeña.

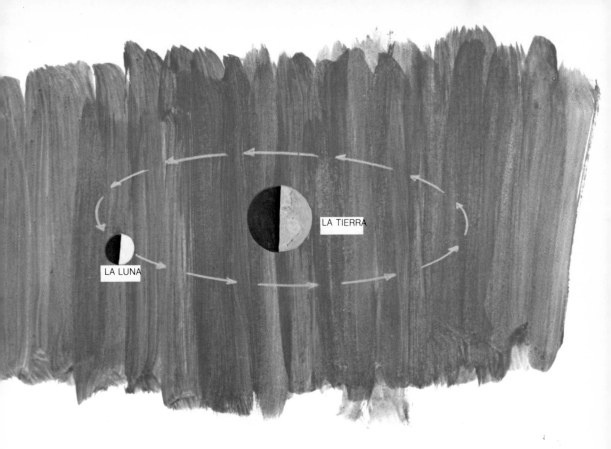

La Luna

La Tierra

COMO SE MUEVE LA LUNA

La luna se mueve alrededor de la Tierra. Hace su viaje en aproximadamente cuatro semanas.

Los cráteres que están en el otro lado de la luna

Vemos sólo un lado de la luna. Nunca vemos el otro lado. Sólo los hombres en astronaves han visto el otro lado de la luna.

El apodo de esta piedra lunar de 9.0 kilogramos es "Berta la grande." Fue traída a la Tierra por *Apolo XIV*.

LA LUNA ES DE PIEDRA

La luna parece ser llana cuando la miramos. Pero no lo es. Su forma es igual a la de la Tierra. La luna es de piedra.

En el pasado la gente creía que había "un hombre en la luna."

La astronave *Apolo XIII* tomó fotos del otro lado de la luna al viajar alrededor de la luna durante el viaje de regreso a la Tierra.

Lo que parece ser "un hombre en la luna" son montañas, y hoyos, y piedras planas.

No hay aire en la luna. No hay agua.

La tripulación del *Apolo XVII* tomó esta foto de la luna.

Los días y las noches en la luna tardan dos semanas. Durante el día hace mucho calor. Durante la noche hace mucho frío.

Si hubiera ríos en la luna, hervirían durante el día. Durante la noche, se congelarían.

No hay ni plantas ni animales en la luna.

Sólo los astronautas han caminado en la luna. Para
protegerse del calor y del frío deben usar trajes espaciales.
También llevan su propio aire.

LA LUNA ES COMO UN ESPEJO

En el pasado la gente creía que había fuegos en la luna. Pensaban que la luna brillaba a causa de los fuegos.

Ahora sabemos que la luna es como un espejo. Su luz viene del sol.

Sólo vemos la parte de la luna que está iluminada por el sol.

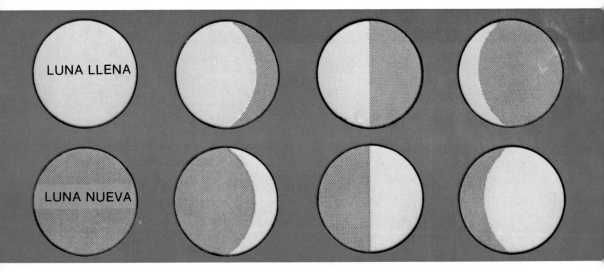

LUNA LLENA

LUNA NUEVA

Cuando toda la luna está totalmente iluminada por el sol se llama luna
llena. Al moverse alrededor de la Tierra, menos y menos de su superficie
queda iluminada por el sol. Cuando toda la superficie de la luna está
sin la luz del sol se llama luna nueva.

El resto de la luna sigue
allí, pero la mayor parte del
tiempo está demasiado
obscura para ser vista. Por
eso parece que la forma de
la luna cambia durante el mes.
Puedes ver lo que pasa
con una pelota.

Haz que la pelota sea la luna. Haz que tu cabeza sea la tierra. Haz que la luz sea el sol. Date vuelta con la pelota. ¿Ves las formas de la luna?

La pelota también muestra por qué vemos sólo un lado de la luna. Al darte vuelta con la pelota, viste el mismo lado de la pelota.

La luna gira una vez sobre su eje al viajar alrededor de la Tierra. La pelota hizo lo mismo. Por eso sólo vemos un lado desde la Tierra.

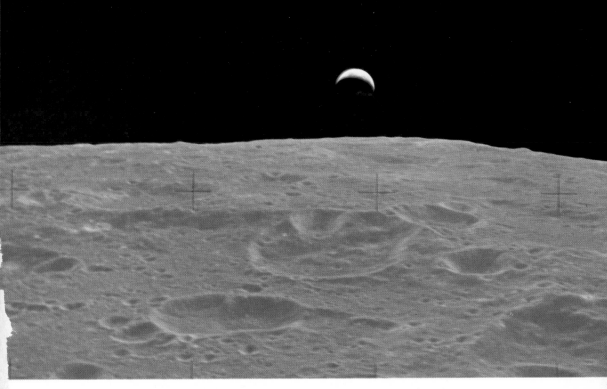

Si vivieras en la luna, verías la salida de la Tierra todos los días. Esta fotografía de "la salida de la Tierra" fue tomada por la astronave *Apolo XII*.

LA TIERRA ES COMO UN ESPEJO TAMBIEN

Los astronautas podían
ver la Tierra desde la luna.

La Tierra es como un espejo, también. Brillaba cuando el sol la iluminaba. Se parecía a la luna, pero más grande.

La luz de la luna viene del sol. La luz de nuestros días también viene del sol.

Esta hermosa fotografía de la Tierra fue tomada por la astronave *Apolo VIII*.
El Polo Sur está en el área blanca a la izquierda. América del Norte y
América del Sur están cubiertas por nubes.

La salida del sol en Utah en los Estados Unidos

EL SOL

¿Qué es el sol? El sol es una estrella. Todas las estrellas que vemos tienen su propia luz.

Hay muchas estrellas grandes que no podemos ver. Se ha apagado la luz de algunas estrellas. Otras estrellas todavía brillan, pero están tan lejos que no las podemos ver.

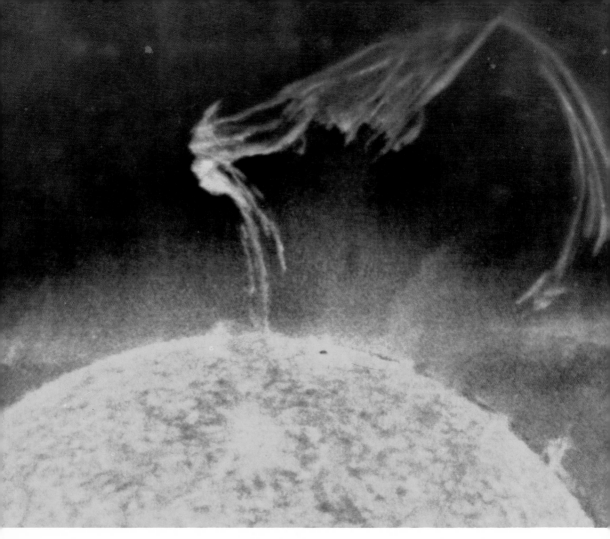

El sol es una estrella que se está quemando.

El sol parece más grande
que otras estrellas porque
está más cerca de la Tierra.

El sol y otras estrellas
que vemos son muy
calientes. Son como
grandes bolas de fuego.

El sol está muy lejos. Y
el aire alrededor de la Tierra
nos protege del calor del
sol. El aire hace que la
Tierra no se caliente tanto
como la luna.

La galaxia de
la Vía láctea

Muchas estrellas están en el cielo todo el día. Pero están muy lejos.

El sol está más cerca y su luz brilla más. Brilla tanto que no podemos ver las otras estrellas durante el día.

Parte del tiempo la luna también está en el cielo durante el día.

A veces brilla tanto que se ve de día.

Aunque el sol es una estrella, no lo vemos durante la noche. De noche el sol brilla en el otro lado de la Tierra.

Si viajaras en un avión de noche hacia el otro lado de la Tierra, verías el sol.

Sería de día allí. Sería de noche aquí.

¿Sabes por qué pasa esto?

LA TIERRA SE MUEVE

¿Has visto la puesta del sol alguna vez? Parece que el sol baja por el cielo. Pero el sol no se mueve cuando se pone.

¡La Tierra se mueve!

Mientras se mueve la Tierra, parece como si el sol se estuviera poniendo.

Cuando la Tierra ha girado bastante, no podemos ver el sol. Entonces decimos que es de noche.

VISTA DEL ESPACIO ARRIBA DEL POLO NORTE

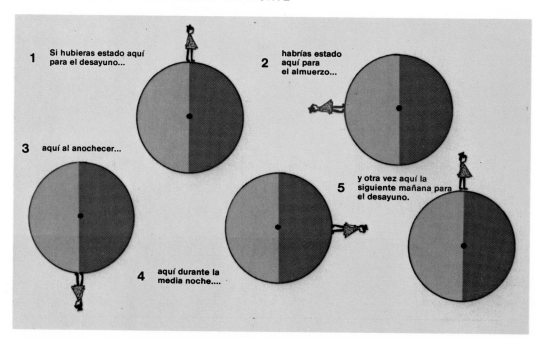

1 Si hubieras estado aquí para el desayuno...

2 habrías estado aquí para el almuerzo...

3 aquí al anochecer...

4 aquí durante la media noche....

5 y otra vez aquí la siguiente mañana para el desayuno.

Cuando la Tierra gira y podemos ver el sol, es de mañana.

La Tierra da una vuelta completa una vez en un día y una noche.

Tú giras con la Tierra, pero no te caes. La Tierra tira de tí hacia abajo. Esta fuerza se llama gravedad.

A causa de la gravedad, nunca sentimos que estamos patas arriba. "Hacia abajo" indica hacia el centro de la Tierra. Tus pies van hacia abajo.

Tú no sientes que te estás moviendo al moverse la Tierra. Esto es porque el aire y todo lo que está alrededor tuyo está girando contigo.

La Tierra gira a la misma velocidad que vuelan unos jets.

¡Algunos jets (como el "Snowbird") vuelan a la misma velocidad que gira la Tierra—más de 625 kilómetros por hora!

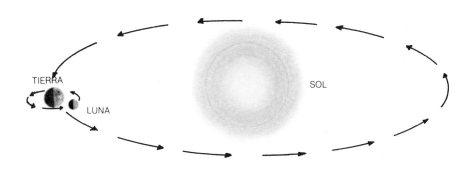

La Tierra va aún más
rápidamente en otra
dirección. Se mueve alrededor
del sol. La Tierra se lleva
a la luna consigo al moverse
alrededor del sol.

La Tierra tarda un año en
dar una vuelta alrededor
del sol.

LA TIERRA ES UN PLANETA

La Tierra se llama "planeta" porque se mueve alrededor del sol. Hay por lo menos ocho otros planetas que también se mueven alrededor del sol. Los nueve planetas son como una gran familia en el cielo.

MERCURIO

VENUS

TIERRA

MARTE

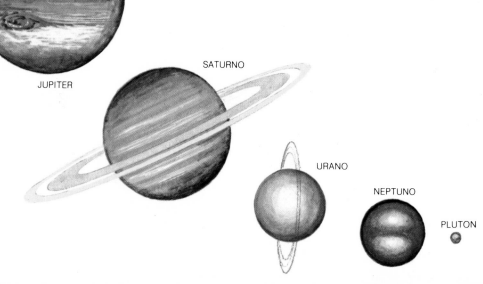

JUPITER

SATURNO

URANO

NEPTUNO

PLUTON

Fotografía de Saturno tomada por el *Voyager 1* desde 6,875,000 kilómetros de distancia.

Los otros planetas brillan con la luz del sol, igual que la Tierra y la luna.

Desde la Tierra los planetas parecen estrellas en el cielo. Pero las estrellas centellean. Los planetas no centellean.

Fotografía de Júpiter
tomada por
el *Voyager I*
de 10,937,500 kilómetros
de distancia.

Dos planetas, Venus y Marte, a veces se pueden ver de día.

A veces las estrellas y los planetas parecen tener puntos. Esto es porque los vemos a través del aire que está alrededor de la Tierra.

Fotografía de Venus tomada por el *Mariner X* de 281,250
kilómetros de distancia.

Las fotografías de las piedras rojas que están en la superficie de
Marte fueron tomadas por el *Viking II* que aterrizó en Marte en 1976.

Las estrellas en la Vía láctea. ¿Ves el rayo de luz en medio de la fotografía? Este rayo fue hecho por un satélite artificial, el *Eco 1*. Al correr por el espacio se calentó. El calor lo iluminó. Se parecía a una "estrella fugaz."

LAS "ESTRELLAS FUGACES"

Una "estrella fugaz" no es una verdadera estrella. Es una pequeña piedra o partículas de polvo que caen por el espacio. Brilla por el calor que crea al pasar por el aire alrededor de la Tierra.

NECESITAMOS EL SOL, LA LUNA, Y LAS ESTRELLAS

El sol nos da luz y calor. Ayuda a que las plantas crezcan y hace que las hojas sean verdes. El sol causa que el agua suba a las nubes para que pueda llover otra vez.

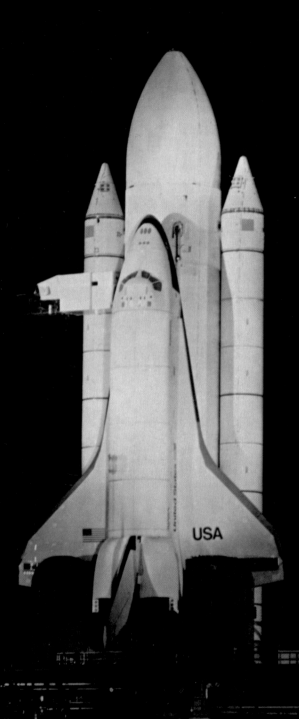

Vemos una lanzadera espacial en su rampa de lanzamiento. La lanzadera espacial es la primera astronave que es capaz de ir al espacio y volver a la Tierra una y otra vez. La primera lanzadera espacial, el *Columbia*, voló en 1981.

La luna le da luz a la Tierra durante la noche.

Los planetas y las estrellas ayudan a los pilotos de naves y aviones a encontrar el camino por la noche.

Es magnífico verlo todo.

PALABRAS QUE DEBES SABER

astronautas—gente que viaja en el espacio

astronave—medio de transporte afuera de la atmósfera terrestre

brillante—da mucha luz; ilumina

congelar—cambiar de líquido a sólido

espacio—el área sin fin en la cual se mueven las estrellas y los planetas

espejo—una superficie lisa que refleja un objeto

estrella—un cuerpo que se encuentra en el espacio que tiene su propia luz

estrella fugaz—materia del espacio que se quema y brilla al moverse cerca de la Tierra; meteoro

gravedad—la fuerza por la cual la Tierra tira de las cosas hacia su centro

hervor—la temperatura en la que el agua forma burbujas y desprende vapor

jet—un avión que no tiene hélices y viaja rápidamente

llano na—que tiene una superficie lisa e igual; plano

Marte—el cuarto planeta desde el sol

piedra—materia dura de la cual está compuesta la Tierra

planeta—un cuerpo celeste que no tiene su propia luz y que se mueve alrededor del sol

sol—la estrella más cercana a la Tierra y alrededor de la cual giran los nueve planetas

Tierra—el planeta en que vivimos

Venus—el segundo planeta desde el sol

viaje—excursión; viajar

INDICE

Sobre el autor

Nacido en Gaston, Indiana, John Lewellen tuvo una carrera variada en el campo de comunicaciones. Fue reportero, autor, y director de varios programas de radio y de televisión. Su animado interés en muchas cosas y su talento para hacer que una materia difícil sea fácil de comprender, hicieron que sus libros para niños fueran muy populares entre los jóvenes lectores.